Faculté de Droit de Paris.

THÈSE

POUR LA LICENCE.

L'Acte public sur les matières ci-après sera soutenu,
le mercredi 15 février 1854, à neuf heures,

Par Charles-Gustave VERRIER, né à Paris.

Président : M. BONNIER, Professeur.

Suffragants :
MM. ORTOLAN,
M. CHELARD,   Professeurs.
DURANTON,
COLMET DE SANTERRE,   Suppléants.

*Le Candidat répondra en outre aux questions qui lui seront faites
sur les autres matières de l'enseignement.*

PARIS.

VINCHON, FILS ET SUCCESSEUR DE Mme Ve BALLARD,
Imprimeur de la Faculté de Droit,
RUE J.-J. ROUSSEAU, 8.

1854.

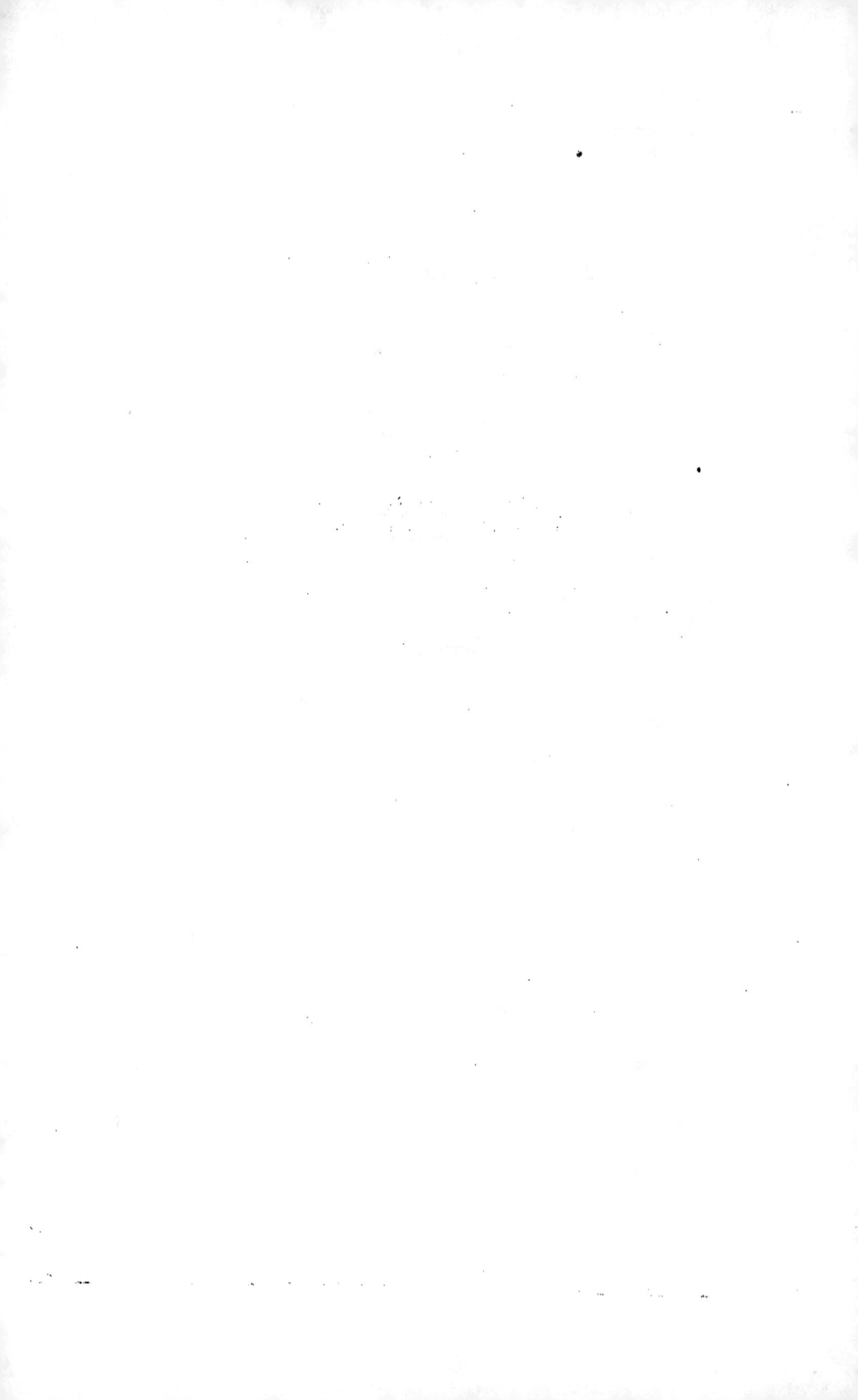

A MON PÈRE, A MÂ MÈRE.

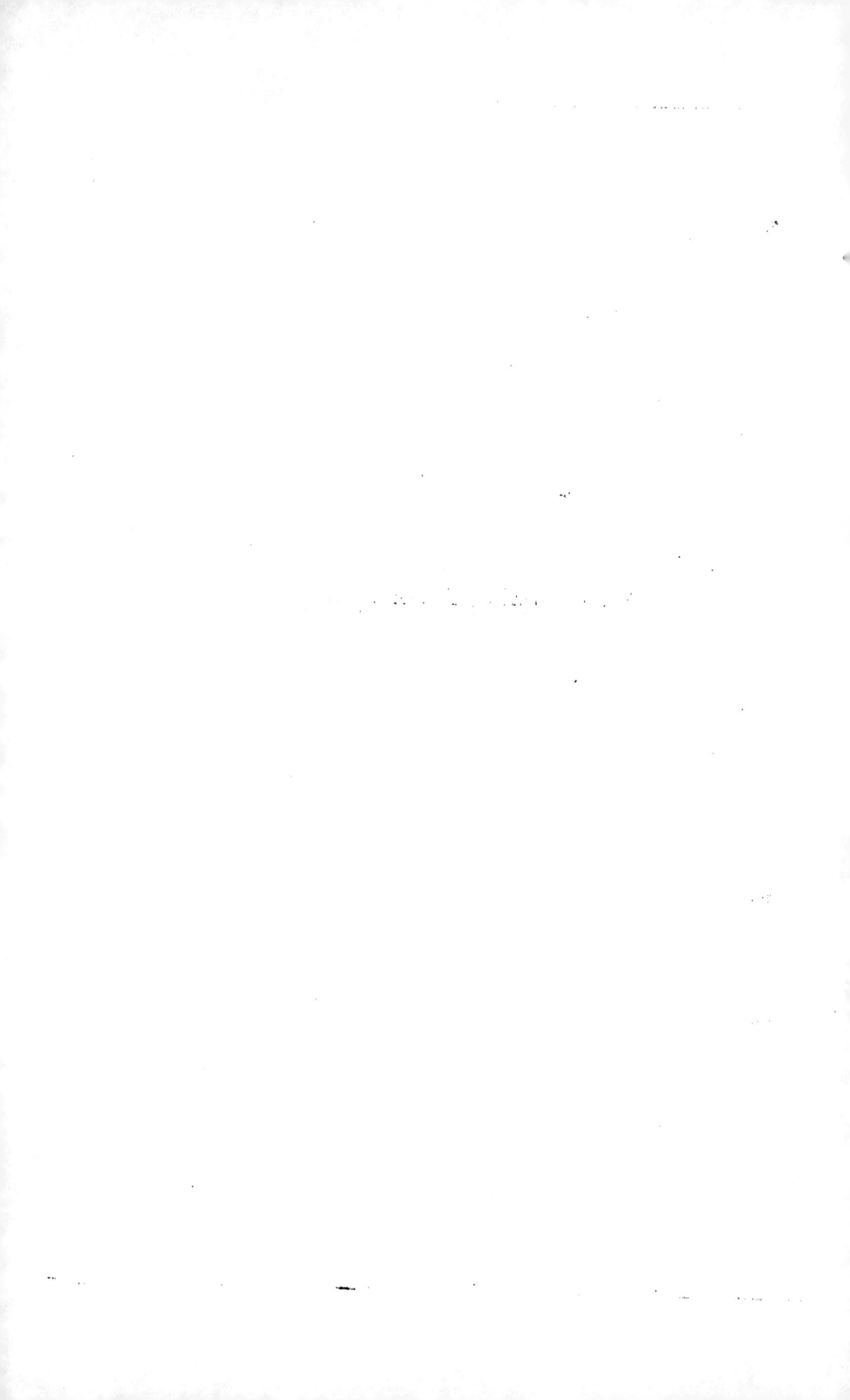

JUS ROMANUM.

DE ADOPTIONIBUS ET EMANCIPATIONIBUS.

(D., lib. 1, tit. 7; C., lib. 8, tit. 48; Gaïus, comm. 1, § 97-123.)

Adoptio est actus solemnis quo quis in locum filii nepotisve alicui adciscitur : illius origo est, quod omni ope nitebantur Romani ne sacra privata, deficiente prole, interirent.

Quod adoptionis nomen est quidem generale. In duas species dividitur : quarum altera adoptio proprie dicitur ; altera, adrogatio,

Adoptantur qui in potestate parentium sunt; adrogantur qui sunt sui juris.

De adrogationis forma. — Pristino jure, per populum in comitiis, causa cognita a pontificibus, adrogatio fiebat. Et ita dicta est, quia et is, qui adoptat, rogatur, id est interrogatur, an velit eum, quem adoptaturus sit, justum sibi filium esse ; et is qui adoptatur, rogatur an id fieri patiatur ; et populus rogatur an id fieri jubeat. Cum comitia nusquam nisi Romæ haberentur, adrogatio Romæ solummodo fiebat.

Postea populus imperium et potestatem principi concessit; et, comitiis obsoletis, per principale rescriptum, sive in regia urbe, sive in provinciis, adrogatio facta est. Ita constituerunt Diocletianus et Maximianus.

De adoptionis forma. — Olim adoptio una vel triplici mancipatione celebrabatur, intercedentibus manumissionibus, quo ritu solvebatur patria potestas : denique per cessionem in jure adoptio perficiebatur.

Veteres circuitus sustulit Justinianus et constituit : nihil aliud ad formam adoptionis inquirendum, quam ut pater apud competentem magistratum cui legis actio est, actis intervenientibus, voluntatem suam manifestet, præsente nec contradicente eo qui adoptatur, et eo qui adoptat.

Qui adoptare possunt. — Cum adoptioni proprium illud sit ac peculiare, ut naturam imitetur, adoptio in his personis locum habet in quibus etiam natura potest habere.

Primo jure feminæ adoptare non poterant, quia nec naturales liberos in sua potestate habebant. Sed postea, ex indulgentia principis, eis adoptare permissum fuit, amissorum liberorum solatio.

Illud utriusque adoptionis commune est, quod et hi, qui generare non possunt, quales sunt spadones, adoptare possunt; non enim eis corporale vitium impedimento est. Castrati autem non possunt.

Et qui uxores non habent, filios adoptare possunt.

Et adoptare quis nepotis loco potest, etiamsi filium non habet. Sed si quis nepotem quasi ex filio natum adoptare velit, tunc filii consensum obtinere debet, ne ei invito suus heres agnascatur.

Adoptio naturam imitatur; pro monstro inde ut major sit filius quam pater; non tantum cum quis adoptat, sed et cum adrogat, major esse debet eo, quem sibi per adrogationem vel per adoptionem filium facit : et utique plenæ pubertatis, id est decem et octo annis eum præcedere debet.

Tutor vel curator minorem viginti quinque annis, nisi privignum ut excipit divus Antoninus, adrogare nequit, ne rationes reddere omittat.

Neque adrogare, neque adoptare quis absens potest. Neque diem, neque conditionem adoptiones recipiunt.

Qui adoptari possunt. — Masculi et feminæ tam puberes quam impuberes imperio magistratus adoptantur.

Cum in comitiis fierent adrogationes, pupilli vero feminæque comitiis interesse nequirent, ideo adrogari nequibant. Pupilli quidem ex constitutione Antonini Pii, cum quibusdam conditionibus, si adrogationis causa appareat honesta expediatque pupillo, adrogari possunt. Feminæ autem ex principis rescripto.

Liberti adrogari non poterant, nisi a patrono, ex justa causa, nempe ut illæsa manerent patronatus jura.

Adoptivum filium semel emancipatum rursus ab eodem adoptari non placuit.

De adoptionis effectu. — Adoptio non jus sanguinis, sed jus agnationis affert ; unde adoptato tot sunt demum cognati quot agnati. Nec est necessaria in adoptionem auctoritas eorum inter quos jura agnationis consequuntur.

Per adoptiones dignitas adoptivi filii vel nepotis non minuitur, sed augetur.

Illud proprium est adrogationis, quod is qui liberos in potestate habet, si se adrogandum dederit, non solum ipse potestati adrogatoris subjicitur, sed etiam liberi ejus tanquam nepotes. Item omnia, quæ adrogati fuerunt, tacito jure ad eum transeunt, qui adrogavit. Usus autem, ususfructus et debita hac capitis deminutione pereunt : quod Justiniani constitutione prohibitum fuit. Quoad autem debita, dicendum est quod nobis a

Gaio docetur : contra adrogatum à prætore utilem actionem introductam esse, rescissa capitis deminutione, id est in qua fingitur capite deminutus non esse.

Jure antejustinianeo, filiusfamilias in adoptionem a patre datus in adoptivi patris familiam semper transferebatur, et, nisi Sabinianum senatusconsultum ei succurreret, timendum erat ne utriusque patris successionem perderet. Hæc correxit Justinianus : si quidem filiusfamilias avo paterno vel materno in adoptionem datur, manet stabile jus patris adoptivi, quia in unam personam concurrunt et naturalia et adoptionis jura ; si contra ab extraneo adoptatur, integra omnia jura in patris naturalis familia servantur ; nisi in hoc casu ut possit ab intestato ad patris adoptivi successionem venire.

DE EMANCIPATIONIBUS.

Non nudo consensu liberi patria potestate liberantur, sed actu solemni, qui emancipatio vocatur.

Ex lege XII Tabularum emancipatio per imaginarias venditiones celebrabatur. Filius ter mancipatus, ter manumissus, sui juris fiebat; id enim lex XII Tabularum his verbis jubebat : Si pater filium ter venumduit, filius a patre liber esto. Addi solebat contractus fiduciæ, id est ut emptor in fine patri filium remanciparet, ne extraneo manerent patroni jura.

Cæteri autem liberi, tam masculi quam feminæ, una mancipatione manumissioneque e patria potestate exibant.

Sed non poterant emancipari absentes.

Quod mutavit imperator Anastasius, constituens ut parentes liberos suos etiam absentes emancipare possent, per principis rescriptum, quod apud competentem magistratum insinuent et deponant. Hanc Anastasianam emancipationem sanxit Justinianus, atque etiam constituit ut, recta via, id est sine sacro rescripto, apud competentes magistratus parentes intrent et sic liberos sua potestate dimittant. Neque naturales liberi, neque adoptivi, ullo pene modo parentes cogere possunt de potestate sua eos dimittere; excipe scilicet : cum filiabus peccandi necessitatem imponit, cum exponi patitur infantem, cum incestas nuptias fecit

DE PATRIA POTESTATE.

(C., lib. 8, tit. 47; lib. 6, tit. 61.)

Patria potestas jus proprium est civium Romanorum, quod patrifamilias competit in liberos, qui in familia sunt, sive justis nuptiis, sive legitimatione, sive adoptione. Soli masculi patriæ potestatis jus habere possunt : mulier etenim familiæ suæ caput et finis est. Cæterum tam liberti quam ingenui hanc potestatem habere possunt.

Duplex est hujus potestatis effectus : circa personas et circa liberorum bona :

Jure veteri, liberos in carcerem conjicere ; vendere et etiam occidere patri licebat : libertatem tamen eripere nunquam potuit. Sed paulatim hoc jus exolevit: Constantinus pœna parricidii puniri voluit, qui aliquem e liberis occidisset.

Item nullas venditiones, nisi liberorum adhuc sanguinolentorum, contemplatione extremæ necessitatis aut alimentorum gratia, valere Constantinus statuit. A constitutione Alexandri Severi, parentibus jus modice castigandi liberos tantum conceditur.

Secundum antiquam observationem, quidquid filiusfamilias acquirebat, hoc non sibi, sed patri in cujus potestate erat acquirebatur. Imperatores eo jure exceperunt peculium castrense, id est quidquid occasione militiæ liberi acquirerent : de his bonis testare poterant, nec ejus peculii usumfructum pater habebat.

Postea ad exemplum castrensis peculii, quidquid ex profes-

2

sione liberalium artium, aut in Ecclesiæ militia, aut donatio-
nibus principum, filiis acquirebatur, et non patri. Hoc peculium quasi castrense dicebatur.

Novam peculii speciem introduxit Constantinus, id est bona e
matris successione liberis devoluta; quod ad bona omnia ex
linea materna procedentia, ad lucra nuptialia, etiam ad spon-
salitia porrexerunt constitutiones; hæc demum Justinianus ex-
tendit ad omnia quæ liberi aliunde quam ex re patris acquirunt.
Quod peculium adventitium dicitur. Hoc peculio utendi fuendi-
que plenam potestatem habet paterfamilias; dominium vero
apud filiumfamilias remanet. Non nunquam adventitii ipsius
peculii ususfructus patri non conceditur.

Pater qui filium emancipat, ex rebus, quæ acquisitionem ef-
fugiunt, tertiam olim partem, quasi pro pretio emancipationis,
retinebat. Justinianus statuit ut parens dimidiam partem non
dominii rerum sed ususfructus tantum retineret.

POSITIONES.

I. An adrogator pupillo substituere possit, cum jam pater
naturalis pupillo eodem substituit? — Respondeo posse.

II. An tutor pupillum adrogare possit? — Respondeo non.

III. An onera æris alieni ejus qui adrogatur in adoptivum
patrem ipso jure transeunt? — Respondo non.

DROIT FRANÇAIS.

(Code civil, liv. 1er, tit. 8 et 9, art. 343 à 387; art. 32 de la loi du 21 mars 1832.)

CHAPITRE Ier.

DE L'ADOPTION ET DE LA TUTELLE OFFICIEUSE.

Admise chez tous les peuples de l'antiquité, l'adoption a surtout été encouragée par les Romains. Bien qu'on en trouve des exemples dans les premiers temps de notre histoire, la plupart des coutumes n'en ont point parlé; plusieurs même l'ont proscrite. Lors de la Révolution, un décret du 18 janvier 1792, rendu par l'Assemblée nationale, l'a introduite dans notre droit. Toutefois, la nature de cette institution, sa forme et ses effets, n'ont été réglés que par notre Code, qui établit en même temps, pour en faciliter l'usage, un contrat jusqu'alors inconnu : la tutelle officieuse.

L'adoption, telle que le Code l'a organisée, peut être définie : un contrat solennel, homologué par l'autorité judiciaire, qui établit entre les parties contractantes des rapports de paternité et de filiation purement civils.

Nous distinguerons trois espèces d'adoption : l'adoption ordinaire, l'adoption rémunératoire et l'adoption testamentaire.

De l'adoption ordinaire.

§ 1er. — Conditions de l'adoption ordinaire.

Le législateur, craignant que l'adoption ne détournât du mariage, qu'elle ne fût quelquefois nuisible pour l'adopté, ou qu'elle n'eût lieu trop légèrement, a posé un certain nombre de conditions requises soit de la part de l'adoptant, soit de la part de l'adopté.

L'adoptant doit :

1° Être Français et avoir l'exercice de ses droits civils, ou, s'il est étranger, non naturalisé, se trouver dans les cas prévus par les art. 11 et 13 du Code civil : l'adoption étant une institution de pur droit civil, ne peut avoir lieu qu'entre ceux qui jouissent de ces droits ;

2° N'avoir, au moment de l'adoption, ni enfants, ni descendants légitimes, nés ou même conçus : la présence d'enfants naturels ou adoptifs ne fait point obstacle à l'adoption ;

3° Avoir cinquante ans révolus au moment où l'acte est passé devant le juge de paix : après cet âge, il est peu probable que l'adoptant se soit marié et qu'il ait eu des enfants ;

4° Avoir au moins quinze ans de plus que l'adopté : il est convenable qu'on puisse raisonnablement supposer que l'un est père de l'autre ;

5° Obtenir, s'il est marié, le consentement de son conjoint : il ne faut pas que l'adoption soit une cause de trouble entre les époux ;

6° Avoir donné à l'adopté, durant sa minorité, des secours et des soins non interrompus pendant six années au moins : l'adoption ne doit pas être la suite d'un premier mouvement ; la loi veut qu'elle soit le résultat d'une volonté réfléchie et de l'affection de l'adoptant envers l'adopté ;

7° Enfin, il doit jouir d'une bonne réputation ; les tribunaux sont appréciateurs.

De son côté, l'adopté doit :

1° Être Français, comme l'adoptant, ou se trouver dans les cas prévus par les art. 11 et 13 du Code civil ;

2° Être majeur : le Code n'a pas voulu que l'adoption eût lieu avant la majorité de l'adopté, parce qu'elle doit être irré-vocable ;

3° Rapporter, s'il est mineur de vingt-cinq ans, le consente-ment de ses père et mère ou du survivant, et, après cet âge, requérir leur conseil : la loi ne distingue pas entre les fils et les filles. En cas de dissentiment, le consentement du père ne suf-firait pas ; à défaut des père et mère, il n'y a pas lieu de s'adres-ser aux ascendants;

4° N'avoir pas été déjà adopté par une autre personne, à moins que ce ne fût par le conjoint de l'adoptant; l'adoption perdrait beaucoup de son importance, si l'on pouvait être adopté par plusieurs.

§ 2. — Formes de l'adoption.

La personne qui se propose d'adopter et celle qui voudra être adoptée doivent se présenter devant le juge de paix du domicile de l'adoptant pour rédiger le contrat d'adoption : les parties étant majeures toutes deux, il est convenable que celui qui reçoit le bienfait aille trouver le bienfaiteur.

Comme l'adoption attribue des qualités civiles, le pouvoir judiciaire intervient pour donner sa sanction à ce contrat; en conséquence, la partie la plus diligente remettra dans les dix jours, sous peine de déchéance, une expédition de l'acte passé devant le juge de paix au procureur impérial près le tribunal de première instance, dans le ressort duquel se trouve le domicile de l'adoptant. Le tribunal se réunit en la chambre du conseil, et, après s'être procuré les renseignements convenables, il vérifie si toutes les conditions de la loi sont remplies; puis, sur les conclusions du ministère public, il prononce un jugement non motivé et en ces termes : *il y a lieu* ou *il n'y a pas lieu à l'adoption.*

Dans le mois qui suit le jugement du tribunal de première instance, ce jugement est, sur les poursuites de la partie la plus diligente, soumis à la cour impériale qui instruit dans les mêmes formes que les premiers juges, et prononce également sans énoncer de motifs : *le jugement est confirmé* ou *le jugement est réformé; en conséquence, il y a lieu ou il n'y a pas lieu à l'adoption.*

Si la cour admet l'adoption, l'arrêt doit être prononcé à l'audience et affiché en tels lieux et en tel nombre d'exemplaires que la cour juge convenable.

Dans les trois mois qui suivent l'arrêt, l'adoption doit être inscrite, à la réquisition de l'une ou de l'autre des parties, sur les registres de l'état civil du lieu où l'adoptant est domicilié, et cela à peine de déchéance.

Jusqu'à l'inscription opérée, les parties peuvent, par leur consentement mutuel, dissoudre le contrat d'adoption. Si l'adoptant meurt après la passation de l'acte devant le juge de paix, l'instruction n'en continue pas moins, mais les héritiers de l'adoptant pourront se rendre partie dans l'instance,

Ces effets sont au nombre de six :

1° L'adopté ajoute à son nom celui de l'adoptant.

2° La loi, dans l'intérêt des bonnes mœurs, défend le mariage entre l'adoptant et l'adopté, son conjoint ou ses descendants; et entre l'adopté et le conjoint, ou les descendants, même adoptifs, de l'adoptant.

3° L'adoptant et l'adopté contractent réciproquement l'obligation de se fournir des aliments; mais l'adoptant, qui ne succède pas à l'adopté, ne lui doit d'aliments qu'à défaut d'ascendants ou de descendants légitimes en état d'en fournir à l'adopté.

4° L'adopté acquiert sur la succession de l'adoptant les mêmes droits qu'un enfant légitime; mais ce droit de successibilité n'est pas réciproque, par exception à la règle générale.

L'adoption ne révoque pas de plein droit les donations, comme la survenance d'enfants. Les descendants légitimes de l'adopté peuvent, à son défaut, se présenter à la succession de l'adoptant, soit de leur chef, soit par représentation. L'adopté n'a aucun droit sur la succession des parents de l'adoptant.

5° Si l'adopté meurt sans descendants légitimes ou adoptifs, l'adoptant ou ses descendants exercent un droit de retour sur les choses données par celui-ci ou recueillies dans sa succession, et qui existent en nature lors du décès de l'adopté. Dans le cas où ces choses auraient été aliénées, l'adoptant ou ses descendants recueillent le prix qui peut en être dû et succèdent aux actions en reprise. Lorsque les descendants de l'adopté meurent sans postérité, le même droit de retour est accordé à l'adoptant, mais à lui seul.

6° Le meurtre de l'adoptant par l'adopté est puni comme un parricide.

De l'adoption rémunératoire.

L'adoption rémunératoire est un moyen, offert par la loi, de récompenser des services inappréciables.

L'art. 345, qui cite des exemples, n'est pas limitatif.

Cette adoption a été traitée par le législateur plus favorablement que l'adoption ordinaire. Ainsi, on n'exige pas :

Que l'adoptant ait plus de cinquante ans; il suffit qu'il soit majeur ;

Qu'il y ait une différence de quinze ans entre l'âge de l'adoptant et celui de l'adopté ; il suffit que l'adoptant soit plus âgé ;

Que l'adoptant ait donné à l'adopté des soins et des secours pendant six ans non interrompus.

Toutes les autres conditions de l'adoption ordinaire sont exigées.

De la tutelle officieuse.

La tutelle officieuse est un contrat de bienfaisance par lequel une personne s'oblige à élever gratuitement un enfant et à le mettre en état de gagner sa vie. Elle a été imaginée par les rédacteurs du Code pour faciliter l'adoption à ceux qui, voulant s'attacher un mineur, par le lien civil, craignent de mourir avant sa majorité.

Celui qui veut se charger de cette tutelle doit :

1° Être âgé de plus de cinquante ans ;

2° N'avoir ni enfants, ni descendants légitimes ;

3° Obtenir, s'il est marié, le consentement de son conjoint.

De son côté le pupille doit :

1° Être âgé de moins de quinze ans ;

2° Obtenir le consentement de ses père et mère ou du survivant ; à leur défaut, celui du conseil de famille ; enfin, s'il n'a pas de parents connus, celui des administrateurs de l'hospice qui l'a recueilli, ou de la municipalité du lieu de sa résidence.

Le procès-verbal des demandes et consentements relatifs à la tutelle officieuse est dressé par le juge de paix du domicile de l'enfant.

L'homologation des tribunaux n'est pas exigée.

Les effets de la tutelle officieuse sont au nombre de quatre :

1° Le tuteur doit nourrir le pupille, l'élever et le mettre en état de gagner sa vie. En cas de prédécès du tuteur avant la majorité du pupille, ses héritiers sont tenus de fournir à celui-ci, pendant sa minorité, des moyens de subsistance qui, à défaut de convention antérieure, seront réglés, soit amiablement entre les représentants respectifs du tuteur et du pupille, soit judiciairement.

2° L'administration de la personne et des biens du pupille passe au tuteur officieux ; cependant les père et mère conservent les droits résultant de la puissance paternelle.

3° Dans les trois mois qui suivent la majorité du pupille, celui-ci doit requérir l'adoption. Si le tuteur s'y refuse, et que le pupille prouve que, par la faute de son tuteur, il n'est pas en état de gagner sa vie, ce dernier pourra être condamné à lui payer une indemnité.

4° Enfin, la tutelle officieuse peut conduire à l'adoption testamentaire, dont nous allons parler.

De l'adoption testamentaire.

L'adoption testamentaire est un moyen, pour le tuteur officieux, que la mort peut surprendre avant la majorité du pupille, de lui conférer le bienfait de l'adoption par acte de dernière volonté.

Elle est soumise à trois conditions :

1° Il faut qu'à l'époque de l'acte, la tutelle ait duré au moins cinq ans ;

2° Il faut que la mort du tuteur survienne pendant la minorité du pupille ;

3° Le tuteur ne doit laisser, à l'époque de son décès, aucun descendant légitime.

Le consentement du conjoint n'est plus nécessaire ici, puisque cette adoption ne produit d'effets qu'à une époque où le mariage est dissous.

Les représentants du pupille acceptent ou répudient en son nom l'adoption testamentaire ; cette délibération ne sera que provisoire, en sorte que le mineur, devenu majeur, pourra répudier l'adoption qui aurait été acceptée, et accepter celle qui aurait été répudiée.

CHAPITRE II.

DE LA PUISSANCE PATERNELLE.

La puissance paternelle est l'ensemble des droits qui appartiennent aux père et mère sur la personne et les biens de leurs enfants.

A Rome, la base de la puissance paternelle reposait sur une idée de propriété : les enfants étaient considérés comme la chose du père de famille, qui exerçait sur eux un pouvoir absolu. Sous notre législation, la puissance paternelle est établie principalement dans l'intérêt des enfants.

SECTION I.

Droits des père et mère sur la personne de leurs enfants.

Un principe de notre droit, puisé dans la loi divine, c'est qu'à tout âge l'enfant doit honneur et respect à ses parents.

Il reste sous l'autorité de ses parents jusqu'à sa majorité ou son émancipation; jusque-là, il doit résider dans la maison paternelle, et ne peut la quitter sans la permission de son père (ou de sa mère, si c'est elle qui exerce la puissance paternelle). La loi excepte cependant le cas où l'enfant voudrait s'engager au service militaire; encore faut-il qu'il ait dix-huit ans révolus : l'art. 32 de la loi du 21 mars 1832, sur le recrutement, a dérogé à l'art. 374 du Code civil, en exigeant l'âge de vingt ans accomplis au lieu de dix-huit.

Le père qui a des sujets de mécontentement très graves sur la conduite de son enfant, peut user du droit de correction ; dans certains cas, il agira par voie d'autorité, et, dans d'autres, par voie de réquisition.

Le droit de correction s'exerce par voie d'autorité, si l'enfant est âgé de moins de seize ans commencés. Le père peut le faire détenir pendant un temps qui n'excèdera jamais un mois; à cet effet, le président du tribunal d'arrondissement où le père est domicilié doit, sur sa demande, délivrer l'ordre d'arrestation.

Le père exerce ici une magistrature absolue, qui échappe au contrôle de l'autorité judiciaire.

Le droit de correction s'exerce par voie de réquisition :

1° Si l'enfant a plus de seize ans commencés.

En effet, à cet âge, il peut commettre des écarts plus graves et qui demandent une répression plus sévère ; et d'un autre côté, il a droit à plus de ménagements et de garanties, par cela même qu'il est plus âgé et qu'il peut encourir une détention de six mois.

2° Si le père est remarié, quel que soit l'âge de l'enfant ; on peut craindre alors l'influence d'une marâtre ;

3° Si l'enfant exerce un état ou a des biens personnels ; car un père avide pourrait, en usant de son autorité sans contrôle, lui faire perdre son état, ou chercher à le dépouiller.

Le président du tribunal à qui le père a porté sa demande en confère avec le procureur impérial, et, suivant les cas, il peut soit accorder ou refuser la détention, soit l'abréger.

L'enfant peut former appel auprès du président de la cour impériale qui en confère avec le procureur général.

La mère, quel que soit l'âge de l'enfant, ne peut agir que par voie de réquisition, et avec le concours des deux plus proches parents paternels. Ce droit n'appartient qu'à la mère survivante et non remariée ; car, en cas d'un second mariage, elle a seulement le droit, si elle est tutrice, de porter plainte au conseil de famille qui délibérera s'il y a lieu à faire détenir l'enfant, et elle ne pourra requérir la détention qu'avec le consentement du conseil.

Le père peut toujours abréger la durée de la détention, et nous pensons qu'il faut accorder le même droit à la mère.

La loi veut, autant que possible, ne pas laisser de traces de cette détention, dans la crainte qu'on ne l'alléguât par la suite pour prouver l'immoralité de l'enfant. Il n'y aura donc aucune écriture ni formalité judiciaire, et l'ordre d'arrestation ne sera pas motivé.

SECTION II.

Des droits des père et mère sur les biens de leurs enfants.

C'est dans les dispositions du droit romain relatives à l'usufruit du père sur le pécule *adventice*, que nous trouvons l'origine du droit d'usufruit légal.

§ 1. — Par qui s'acquiert l'usufruit légal.

La loi accorde l'usufruit légal aux pères et mères légitimes comme un dédommagement des soins qu'ils donnent à leurs enfants, et des dépenses qu'entraîne leur éducation.

Pendant le mariage, l'usufruit appartient au père, sous quelque régime qu'il soit marié.

Après la dissolution du mariage opérée, soit par la mort civile, soit par la mort naturelle de l'un des époux, la jouissance appartient au survivant.

§ 2. — Sur quels biens s'acquiert l'usufruit légal.

Tous les biens de l'enfant mineur sont soumis à l'usufruit légal. Il y a cependant quatre exceptions; la jouissance ne s'étend pas :

1° Sur les biens que les enfants acquièrent par un travail et une industrie séparés;

2° Sur les biens légués ou donnés aux enfants sous la condition que les père et mère ne jouiront pas;

3° Sur les biens provenant d'une succession, dont celui des père et mère qui est usufruitier a été déclaré indigne ;

4° Sur les biens composant les majorats.

§ 3. — Quelles sont les charges de l'usufruit légal.

L'art. 385 nous indique quatre classes d'obligations imposées à l'usufruitier légal des biens de ses enfants :

1° Il doit subir les charges de tout usufruit ; ainsi il doit supporter les dépenses nécessaires à l'entretien des biens (art. 606) ; acquitter les contributions (art. 608) ; payer les arrérages des rentes et les intérêts des dettes qui grèvent les biens de l'enfant (art. 610-612).

2° Il doit la nourriture, l'entretien et l'éducation à ses enfants selon leur fortune et non suivant sa fortune personnelle.

3° Il doit payer les arrérages des rentes ou intérêts des capitaux dont sont grevés les biens des enfants.

4° Il supporte les frais funéraires et de dernière maladie. L'opinion généralement admise est que ce sont les frais funéraires et de dernière maladie des personnes auxquelles l'enfant a succédé.

§ 4. — Comment s'éteint l'usufruit légal.

Les causes qui éteignent l'usufruit légal des père et mère sont au nombre de neuf :

1° La mort naturelle ou civile de celui des parens qui est investi le dernier du droit de puissance paternelle.

2° La déchéance, prononcée en justice, pour abus de jouissance.

3° La condamnation prononcée contre l'usufruitier pour avoir excité son enfant à la débauche.

4° La renonciation de l'usufruitier à son droit.

5° Le second mariage de la mère survivante. L'usufruit ainsi éteint ne peut renaître par la dissolution de ce second mariage.

6° Le défaut d'inventaire des biens communs de la part du survivant des époux mariés en communauté. L'époux survivant est déchu de son droit de jouissance légale, non-seulement sur les biens communs, mais sur tous les biens de l'enfant.

7° L'accomplissement de la dix-huitième année de l'enfant.

8° Sa mort naturelle ou civile, arrivée avant l'âge de dix-huit ans.

9° Son émancipation. Si le bénéfice de l'émancipation est retiré à l'enfant qui en a fait un mauvais usage, le père ou la mère ne recouvre pas pour cela la jouissance.

QUESTIONS.

I. Un père peut-il adopter son enfant naturel reconnu? — Non.

II. Un prêtre catholique peut-il adopter? — Oui.

III. Si les biens sont aliénés, le retour auquel a droit l'adoptant s'applique-t-il au prix qui peut en être dû? — Oui.

IV. Le délai de trois mois, fixé par l'art. 369, est-il fatal? — Oui.

V. La mère peut-elle, comme le père, abréger la durée de la détention de son enfant? — Oui.

VI. Le recours accordé à l'enfant par l'art. 382, ne doit-il pas être étendu à tous les enfants détenus par voie de réquisition ? — Oui.

VII. La mère qui ne s'est pas remariée, mais dont l'inconduite est notoire, est-elle déchue du bénéfice de l'usufruit légal? — Non.

Vu par le Président de la thèse,
BONNIER.

Vu par le Doyen,
C.-A. PELLAT.

www.ingramcontent.com/pod-product-compliance
Lightning Source LLC
Chambersburg PA
CBHW070151200326
41520CB00018B/5367